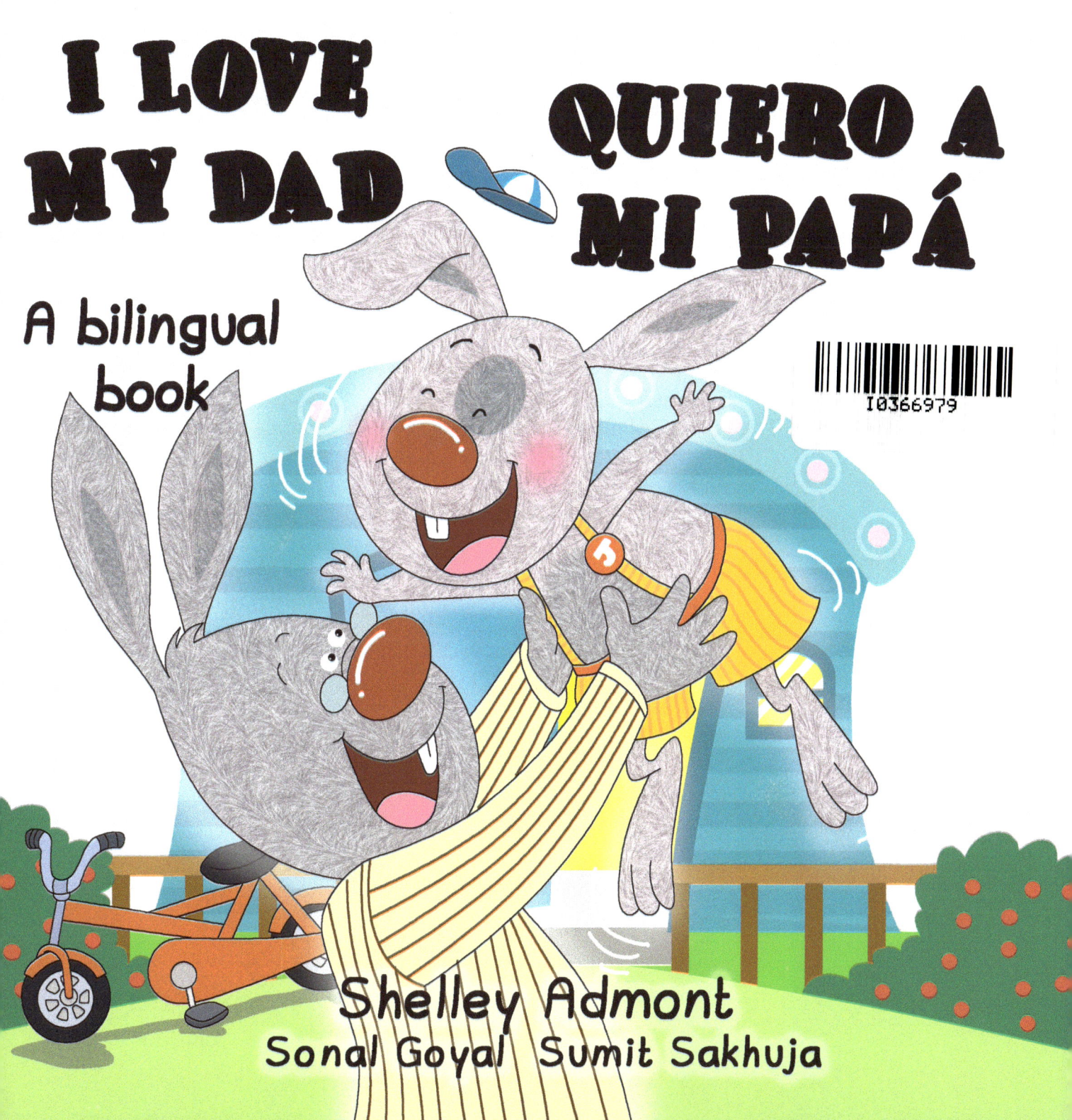

www.kidkiddos.com
Copyright©2015 by S.A.Publishing ©2017 by KidKiddos Books Ltd.
support@kidkiddos.com

All rights reserved. No part of this book may be reproduced in any form or by any electronic or mechanical means, including information storage and retrieval systems, without written permission from the publisher or author, except in the case of a reviewer, who may quote brief passages embodied in critical articles or in a review.

Todos los derechos reservados. Ninguna parte de este libro se puede utilizar o reproducir de cualquier forma sin el permiso escrito y firmado de la autora, excepto en el caso de citas breves incluidas en reseñas o artículos críticos.

Second edition, 2019

Traducción al inglés de Laura Bastons Compta
Translated from English by Laura Bastons Compta

Library and Archives Canada Cataloguing in Publication
I Love My Dad (Spanish Bilingual Edition)/ Shelley Admont

ISBN: 978-1-5259-1323-5 paperback
ISBN: 978-1-77268-038-6 hardcover
ISBN: 978-1-926432-70-0 eBook

Please note that the Spanish and English versions of the story have been written to be as close as possible. However, in some cases they differ in order to accommodate nuances and fluidity of each language.

For those I love the most-S.A.
Para aquellos a los que más quiero - S.A.

One summer day, Jimmy the little bunny and his two older brothers were riding their bicycles. Their dad sat in the backyard, reading a book.

Un día de verano Jimmy, el pequeño conejito, y sus dos hermanos mayores estaban montando sus bicis. Su padre estaba sentado en el patio trasero leyendo un libro.

The two older bunnies laughed loudly as they raced.

Los dos hermanos mayores reían ruidosamente mientas jugaban a ver quién pedaleaba más rápido.

"Hey, wait for me! I want to race too!" he shouted. But his brothers were too far away and his bike was too small.

—¡Eh, esperadme! ¡Yo también quiero correr! —gritó Jimmy.
Pero sus hermanos ya estaban muy lejos y su bici era demasiado pequeña para alcanzarles.

Soon his brothers returned, giggling to each other. "It's not fair," screamed Jimmy. "I want to ride your big bikes too."

Pronto, sus hermanos volvieron, hablando y riendo animadamente.
—¡No es justo! —gritó Jimmy—. Yo también quiero montar en vuestras bicis de mayores.

"But Jimmy, you're too small," said his oldest brother.

—Pero Jimmy, tú eres demasiado pequeño —dijo su hermano mayor.

"And you don't even know how to ride a two-wheeler," said the middle brother.

—Y ni siquiera sabes cómo montar en una bici de dos ruedas —dijo el hermano medio.

Jimmy ran to his brothers and grabbed one of the bicycles. "Just watch!" he said.

Jimmy corrió hacia sus hermanos y cogió una de las bicis.
—¡Mirad! —dijo.

"Be careful!" yelled his oldest brother, but Jimmy didn't listen.

—¡Ten cuidado! —chilló su hermano mayor, pero Jimmy no escuchó.

Throwing one leg over, he tried to climb the large bike. At that moment, he lost his balance and crashed on the ground, directly into a mud puddle.

Pasando una pierna por encima del sillín, intentó montar en la bici grande. En aquel momento, Jimmy perdió el equilibrio y se estrelló contra el suelo, acabando directamente en un charco de barro.

His two older brothers burst out laughing.
Sus hermanos mayores rompieron a reír.

Jimmy jumped on his feet and wiped his muddy hands on his dirty pants.
Jimmy se puso en pie y se limpió las manos llenas de barro en sus pantalones sucios.

This just caused his brothers to laugh more.
Esto hizo que sus hermanos se rieran aún más.

"Sorry, Jimmy," said the oldest brother in between laughter. "It's just too funny."
—Perdón, Jimmy —dijo su hermano mientras se reía—. Es que es demasiado divertido.

Jimmy couldn't stand it anymore. He kicked the bike and ran home with tears streaming down his face.

Jimmy no podía aguantar más. Dio una patada a la bici y corrió hacia casa con las lágrimas corriendo por su rostro.

Dad watched his sons from the backyard. He closed his book and went towards Jimmy.

Papá miraba a sus hijos desde el patio trasero. Cerró el libro y fue hacia Jimmy.

"Honey, what happened?" he asked.

— Cariño, ¿qué ha pasado? —preguntó.

"Nothing," grumbled Jimmy.

—Nada —refunfuñó Jimmy.

Dad smiled."I know what can make you laugh…" he whispered to Jimmy.

Papá sonrió.
—Sé que esto puede hacerte reír… —le susurró a Jimmy.

"Nothing can make me laugh now," said Jimmy, crossing his arms.

—Nada puede hacerme reír ahora —dijo Jimmy cruzando los brazos.

"Are you sure?" said Dad and began to tickle Jimmy until he smiled.

—¿Estás seguro? —le preguntó papá mientras comenzaba a hacerle cosquillas hasta que sonrió.

Then he tickled him so much that Jimmy started giggling.

Le hizo tantas cosquillas que Jimmy empezó a reírse nerviosamente.

They rolled on the grass, tickling each other until they both laughed loudly.

Ambos terminaron rodaron por la hierba, haciéndose cosquillas el uno al otro hasta que los dos rieron ruidosamente.

Still hiccupping from his hysterical laughter, Jimmy jumped on Dad's lap and hugged him tight.

Todavía con el hipo producido por su risa histérica, Jimmy saltó al regazo de su papá y le abrazó con fuerza.

"I was watching you ride your bike," said Dad, hugging him back.

—*Te vi montando en tu bicicleta* —*dijo su papá, devolviendo el abrazo.*

"And I think you're ready to ride a two-wheeler."

—*Y pienso que estás listo para montar una bicicleta de dos ruedas.*

Jimmy's eyes sparkled with excitement. He jumped on his feet. "Really? Can we start now? Please, please, Daddy!"

Jimmy abrió los ojos con entusiasmo y se puso de pie.
—*¿De verdad? ¿Podemos empezar ahora? ¡Por favor, por favor, papá!*

"Now you need to take a bath," said Dad smiling. "We can start practicing first thing tomorrow morning."

—Ahora tienes que ir a lavarte —dijo su papá sonriendo—. Podemos empezar a practicar mañana por la mañana.

After a long relaxing bath and a family dinner, Jimmy went to bed. That night he could barely sleep.

Tras un largo y relajante baño y una cena familiar, Jimmy se fue a la cama. Esa noche apenas pudo dormir.

He woke up again and again to check if it was morning.

Se despertó una y otra vez para mirar si ya había amanecido.

As soon as the sun rose, Jimmy ran to his parents' bedroom.

Tan pronto como salió el sol, Jimmy corrió hacia la habitación de sus padres.

Jimmy tiptoed towards their bed and gave his father a little shake.

Jimmy se acercó a la cama de puntillas y le dio una pequeña sacudida a su padre.

Dad just turned to the other side and continued snoring peacefully.

Papá tan solo se giró hacia el otro lado y continuó roncando pacíficamente.

"Daddy, we need to go," Jimmy murmured and pulled off his covers.

—Papá, tenemos que irnos —murmuró Jimmy mientras le retiraba las mantas a su padre.

Dad jumped and his eyes flew open. "Ah? What? I'm ready!"

Papá se incorporó y abrió los ojos un poco. —¿Ah? ¿Qué? ¡Estoy listo!

While the rest of the family was still sleeping, they brushed their teeth and went out.

Mientras el resto de la familia aún dormía, Jimmy y su papá se lavaron los dientes y salieron de la casa.

As he opened the door Jimmy saw his orange bike, sparkling in the sun. The training wheels were off.

Al abrir la puerta, Jimmy vio su bicicleta naranja, brillando bajo la luz del sol. Estaba sin las ruedas laterales.

"Thank you, Daddy!" he shouted as he ran to his bike.

—¡Gracias, papá! —gritó y corrió hacia su bici.

"Let's have some fun!" Dad said, putting a helmet *on Jimmy's head.*

—¡Vamos a pasar un buen rato! —dijo papá poniéndole un casco a Jimmy.

Jimmy took a deep breath, but didn't move.

Jimmy respiró profundamente, pero no se movió.

"Umm..." mumbled Jimmy, his voice shaking. "I'm...I'm scared. What if I fall again?"

—Mmmm...—balbuceó Jimmy con voz agitada—. Estoy...estoy asustado. ¿Y si me caigo otra vez?

"Don't worry," reassured his dad. "I'll stay close to catch you if you fall."

—No te preocupes —le tranquilizó su papá—. Estaré cerca de ti para cogerte si te caes.

Jimmy hopped on his bike and began pedaling slowly.

Jimmy saltó sobre la bici y, poco a poco, empezó a pedalear.

When the bike tipped to the right, Jimmy leaned to the left.

Cuando la bici se inclinaba hacia la derecha, Jimmy se ladeaba hacia la izquierda.

Sometimes the little bunny fell down, but he didn't give up – he tried over and over again.

El pequeño conejito, se cayó algunas veces pero no se rindió, siguió intentándolo una y otra vez.

Day after day Jimmy and his dad practiced together.

Día tras día, Jimmy y su papá practicaron juntos.

Dad held on while Jimmy wobbled, and eventually the little bunny learned to pedal fast.

Papá sujetaba a Jimmy cuando éste perdía un poco el equilibrio y, finalmente, el pequeño conejito aprendió a pedalear más rápido.

Then one day Dad let go and Jimmy could ride all by himself without falling even once!

Después, un día papá dejó de sujetarle y Jimmy pudo montar por sí solo, ¡sin caerse ni una sola vez!

"And I can race too!" exclaimed Jimmy.

—¡Y también podré hacer carreras! —exclamó Jimmy.

That day Jimmy raced with brothers.

Ese día Jimmy hizo carreras de bici con sus hermanos.

GUESS WHO WON THE RACE?

¿ADIVINAD QUIÉN GANÓ LA CARRERA?

www.ingramcontent.com/pod-product-compliance
Lightning Source LLC
Chambersburg PA
CBHW061135070526
44584CB00033B/4331